벽봉스님 선서화집

소식(消息)

이 아름다운
지구를

누가
오탁악세도
(五濁惡世)
만들고 있는건가?

2020년
어느날
뽀돌

달에서 본 지구

수행자의
정진은 향상向上이다.

향상向上은
정진을 기반으로 나아가는

반야용선과도 같다.

벽봉

허공에 던지는 도담(道談)이며 내 점검이다

시간이 하염없이 흘렀다. 단지 최상의 가치를 찾아가기 위해 앉았고, 미동이 느껴지지 않을 만큼 화두 삼매의 세계에 흠뻑 빠져 살았다.

그러나 모든 것은 앎과 모름의 문제가 아니라 본분사를 위한 정진이었고 낙처가 분명해야 했다. 해가 지고 달이 차면 어둠 속에서 어렴풋이 만져지는 발가벗은 모습이 감지되는 순간도 있었으나 다시 달이 기울고 해가 뜨면 명경 같이 맑은 '마음'이라는 것이 눈으로 식으로 오롯이 느껴졌다. 모르긴 해도 허덕대고 살지 않았을 따름이지 내면에서는 나만이 아는 허덕임이 있었고 단박에 잡히지 않는 무엇으로 말로 다하지 못하는 허기도 수두룩

하게 느꼈던 기억이다. 그런 가운데 뿌연 실체라도 만지지 못했다면 수좌라는 이름도 과감히 던져야 하지 않았겠는가.

그러나 그렇다 할지라도 결제와 해제를 번갈아가는 노정은 늘 채우고 비우고를 반복하는 일이었기에 궁극의 걸음에서는 지금도 뒤처진 모습이고 대중 속에서도 우위에 있다고는 전혀 느끼지 않는다.

시쳇말로 '강산이 서너 번 족히 변하는 시간' 동안 선방을 지켰다. 정진의 순간들이 지나고 나면 반드시 뭔가를 기록해야 했다. 도반에게도 대중에게도 섣불리 들려주지 못하는 어줍잖은 내면의 것들이 붓을 들어 그림을 그리게 했고, 펜을 들어 글을 쓰게 했다.

자랑할 정도의 수준은 결코 못된다. 그럼에도 벌써 10여 년 가까이 산철이면 홀로 앉아 결제철을 점검하기라도 하듯, 혹은 산철 나름의 살림살이를 가감 없이 화선지에 옮겨야 했고, 펜을 들어 써야 했다.

〈그대는 늘 새롭으이〉에는 허공에 던지는 도담이며 내면에 던지는 점검이라고 할 수 있다. 자칫 "무엇을 남기려 하는가." 라는 질문에 맞닥드리게 된다면 부끄럽지 않게 내놓을 것이란 "후배 수좌스님들과 미처 수행의 관문에 들지 않은 이들에게 선배로서 먼저 경험한 것들을 일러주기 위함이요, 공 도리의 무변한 일구를 풀어 쓴 참고서라고 여기면 좋을 것이다." 라는 말을 조심스럽게 들려주고 싶다.

단, 턱없이 부족한 부분은 소납의 우치임을 밝히나니, 나머지는 책장을 넘기는 당신의 혜안으로 이해하고 새겨 주시면 감사할 따름이다.

경자년 여름 안거를 막 마친 지금, 태중의 아이가 세상 밖으로 나오듯 이 한 권의 수행이야기가 〈소식消息〉이라는 제하의 이름을 달고 세상에 나오는 순간이다. 부족한 소납을 상좌로 받아들여 이끌어주신 은사 혜원고산스님께 엎드려 예경을 올린다.

더불어 추천사를 써 주며 아낌없는 응원을 보내주신 수좌이며 도반인 보장 영일스님에게도 감사의 인사를 드리고 싶다. 그리고 두루한 도반 스님들과 사형사제 스님들에게도 함께 해 주는 '장엄'의 공덕을 드리고 싶다.

아울러 물심양면 도움을 주시는 여러 신도님들께도 감사의 마음을 전한다.

끝으로 출판을 맡아 봄부터 여름 막바지까지 노고를 아끼지 않은 맑은소리맑은나라 임직원 여러분들에게 진심을 담은 마음을 보낸다.

2020년 경자년 여름 안거를 끝내는 날

오롯한 수행 향기를 넘기는 시간

〈달에서 본 지구〉〈정진〉〈공양〉 등 참선 수행자의 면모가 드러나는 그림을 통해 도반은 무엇을 말하려 했을까.
단연, 수행의 여정이며 활구참선의 진면목을 시사하려 했을 터이다.
1백여 점에 가까운 선서화를 들여다보는 동안 내 안의 벌거벗은 모습을 감출 길이 없었다.
실로 '탁마도반' 이라는 말이 틀리지 않는 순간이었으며 나 보다는 다소 일찍 수행의 길에 들어선 수좌 벽봉이 분명했다. 스님의 수행력이 감지되는 그림세계였다.

불교에서는 다양한 '방편' 을 들어 각자의 근기에 맞는 수행을 연마하는 것을 볼 수 있다. 그러나 벽봉 수좌의 선서화는 일상을 그림으로 방편을 삼은 것은 아니다. 그는 철저한 수좌이다. 그는 결제철 어느 선원에서라도 정진의 고삐를 느슨히 하는 법이 없는 올곧은 수행자의 표상으로 꼽히는 수좌이다.
그러므로 그가 빚어낸 이번 선서화는 산철마다 결제철의 공부를 옮겨 정리한 '점검' 의 기록인 셈이다. 그러니 벽봉 수좌는 언제나 주主가 수행이며 부副 역시 수행인 철저한 수행자로서 방편이 아닌 친절한 부연敷衍을 이번 선서화를 통해 설명해 놓은 참고서라고 보면 옳을 것이다.

거친 달 표면이 사실적으로 드러나 있으며 푸른 별 지구를 검은 허공 속에서 드러나게 펼쳐 놓은 그림, 〈달에서 본 지구〉와 예의, 총천연색의 파도와 배를 그려 넣은 〈정진〉은 이번 선서화에서 특히 눈에 띄는 그림이다.
'백척간두진일보' 라고 하지 않았던가.
그는 이미 나아갈 만큼 나아간 자신의 수행 경지를 스스로 가장 낮은 쪽으로 데려다 놓고 다시 한걸음을 떼어 놓으려 하는 모습이다.
도반이자, 후배인 내게 벽봉 수좌는 언제나 든든한 선배이며 수행의 본보기가 돼 주는 바로미터였다. 한없이 깊은 내면세계처럼 그는 말 할 수 없는 겸손함을 지닌 자연인이기도 하다.
스승에게도, 선후배에게도. 나아가 재가 인연들에게도 그처럼 자애로우며 겸허한 이를 잘 보질 못했다. 수행인의 표상이 자명하다.

사는 동안 우리들은 한 번도 가 보지 않은 길을 가야 할 때가 있다. 그 길은 선택의 여지가 없어 반드시 가야 할 때가 있으며 그때마다 절대가치를 부여받곤 한다.

이번 벽봉 수좌의 선서화집 〈소식消息〉에서는 감히 언어로 토해내지 못하는 수행의 여정이 고스란히 담겨져 있다.

더 많은 시간이 지난 뒤 출간하려 했던 이 선서화집은 건강이 허락되는 날에 꺼내놓아야 할 '수행점검'이었기에 그는 이 경자년 여름 안거를 끝내는 때를 기다려 참으로 금쪽같은 선화집을 세상에 내놓게 된 것이다.

선·후배, 그리고 인연 깊은 재가수행자들에게도 '공부' 인연으로 마주하는 실로 반가운 〈소식消息〉이기를 바란다. 내겐 자랑인 수좌 벽봉을 이젠 선서화집에서도 만날 수 있게 되어 반갑기 그지없다.

운악산 봉선사 보림선원에서 하안거를 보낸 그에게 도반으로서의 우의와 응원을 보낸다.

불기 2564(2020)년 경자년 하안거 중에 오대산 북대에서 영일 합장

기교 벗어난 선객으로서의 진면목 보여주다

수좌 벽봉, 나의 오랜 도반이기도 하며 선실의 수좌로만 살아온 그에게 내가 해 줄 수 있는 덕담이라면 '그는 진정한 수좌로다' 라는 말을 남길 따름이다.

다년간 산철이면 글을 쓰고 그림을 그려온 사실을 이제야 알게 됐으니, 그 모습만으로도 그는 오롯이 수좌가 맞다. 아무도 모르게, 혹은 드러내지 않는 내면으로의 훈습의 시간은 그렇듯 경계를 뛰어넘은 필치였고 붓놀림이었다.
그림을 전공한 여느 그림 작가들과는 달리 그의 그림은 실로 규칙과 규범을 훌쩍 뛰어넘었다. 오로지 내면의 세계를 표현하여 자유자재의 활법을 표현하고 있으며 기교를 벗어난 선객으로 서의 묵묵한 진면목이 투영될 뿐이다.

그림이라는 장르를 방편 삼아 수행의 여정을 기록하고자 했던 내 포교 전법의 족적은 종종 군더더기가 아닌가 하는 생각을 일으키게도 했는데, 오늘 벽봉의 그림을 마주한 내 소회는 '역시 내면의 수행이 익어져야 한다.' 는 결언이었다. 하여, 내 민낯을 들여다보는 계기이기도 했다.
그러므로 수행은 반면교사反面教師 이어야 하고, 철저한 절차탁마切磋琢磨이어야 함을 점검하게 한다.

산철이면 만나 서로의 안부를 묻고 공양 한 끼를 나누며 도반으로서의 소식을 주고받는 가운 데, 도반은 다시 면벽수행에 들어가듯 무엇엔가 몰입하는 모습이었다. 이제야 그 결과물을 받아든 셈이다. 수좌 벽봉은 드러냄 없는 한 소식을 이렇듯 차곡차곡 토해내고 있었던 것이다.

그는 이번 여름 안거를 경기도 남양주 봉선사에서 나고 있다. 평생을 수좌로만 살아온 그가 봉선사 보림선원에서 다시 한 철을 성만하게 되는 셈인데, 일찍이 운허 큰스님을 시작으로 월운, 밀운스님이 주석하고 계신 교종 본찰에서 그간 못다 한 공부를 지어나가고 있으리라.

한 가지 덧붙이자면 벽봉 수좌는 화합의 승려이다. 어느 도량에서나 불협화음을 내지 않는 승려라는 사실이 그와 함께 지낸 도반들의 전언이고 보면, 벽봉 수좌의 내면이 얼마만큼 참 수행의 면모를 갖추고 있는가를 짐작 케 한다.

그러므로 대중이 원하면 절에서는 무엇이든 대중의 뜻을 따르는 것이 도리이고 미덕인데 그 말에 가장 부합되 는 승려가 벽봉 수좌가 아닌가 하는 내 소회도 이번 서평을 통해 밝히고 싶다.

그리고 보면, 모든 것은 하나로 귀결되는 것이 맞다. 수행이 좋으니 행이 좋고, 행이 좋으니 점검의 글과 그림 마 저 빼어나다. 이는 일반적인 작품성과는 거리를 두는 평가이다. 이러한 견해를 뛰어넘는 수좌 벽봉의 선서화는 근래 만나 보기 힘든 필치가 분명하다.

겨울 안거와 여름 안거를 통해 익을 대로 익어버린 한 수행자의 진면목을 만나보고자 한다면 주저 없이 수좌 벽봉의 선화집 〈소식消息〉을 권한다.

대한민국미술대전 초대작가 성타 합장

소식

消息

산은
사계절이 있어
변화의 몸으로
늘
새롭고

강물은
뒷물이 앞물을 밀어내면서
늘
새롭고

바다는
온갖 것을 가라앉히며
자신은
늘
새롭듯이

그대들
번뇌가 아무리 괴롭힌다 해도
그대의 성품은
물든 바가 없으니
늘
선선하고 새로우이.

방

선서화집「소식消息」

할

선서화집 「소식消息」

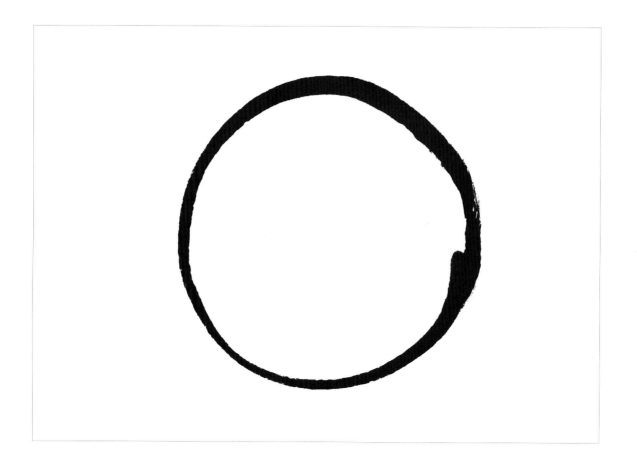

일원상

선서화집 「소식消息」

정진

선서화집 「소식消息」

방하착

꿈

선서화집「소식消息」

환화

행복은 나의 품안에

허공의 진면목을
본 사람은
그 어떤것도
그를
묶을 수가
없으리니

2018 어느날
벽봉

본래지

매화

생사열반

난

선서화집 「소식消息」

불이(不二)

그대의 언덕

선서화집「소식消息」

죽음

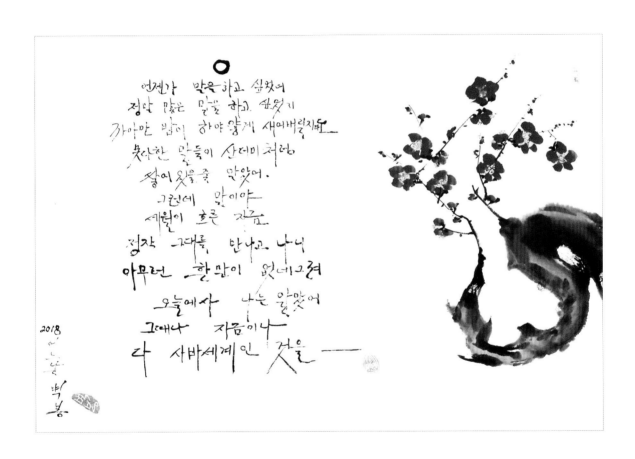

사바세계

선서화집 「소식消息」

행복한 사람

자재

미혹 그리고 지혜

선서화집「소식消息」

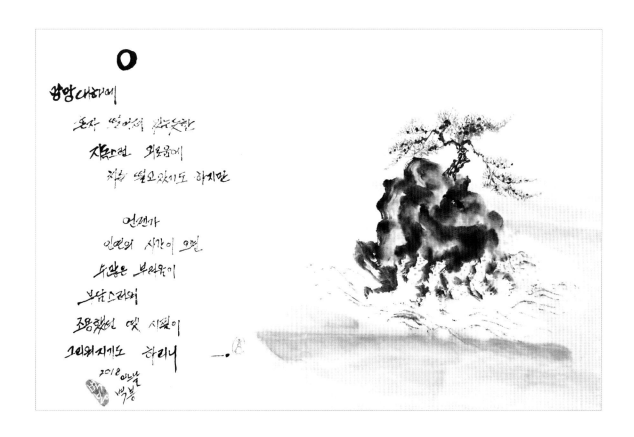

공(空)

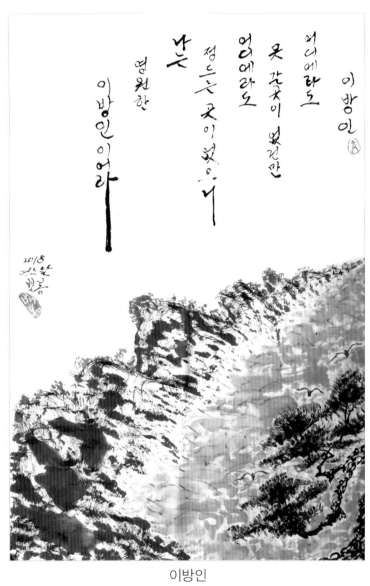

이방인

허공

행복은 이미 그대 품안에

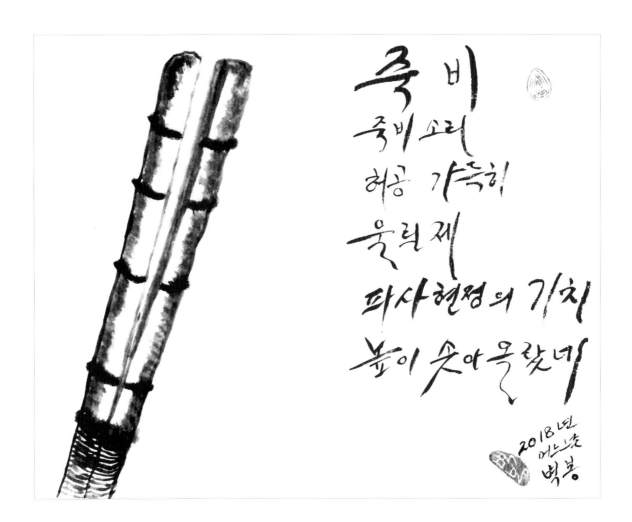

죽비

선서화집「소식消息」

허용을
허공 뼈다귀이라고
한다면
만질 것이라도 있겠지만
아서라!
마서라!
손을 대면 손이 타고
눈으로 볼라치면
눈먼 봉사가 되지니

2018년
어느날
벽봉

심(心)

43

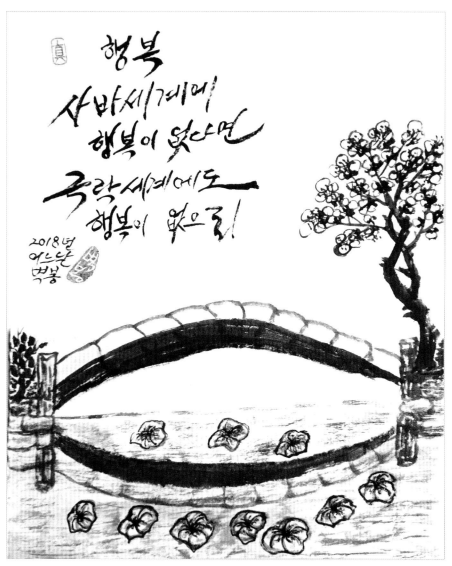

본래무일물(本來無一物)

너와 나는 하나

취모리 검

자성(自性)의 소식

선서화집「소식消息」

밑바닥 없는 배를 타고 노닐다

꿈속의 꿈

선서화집 「소식消息」

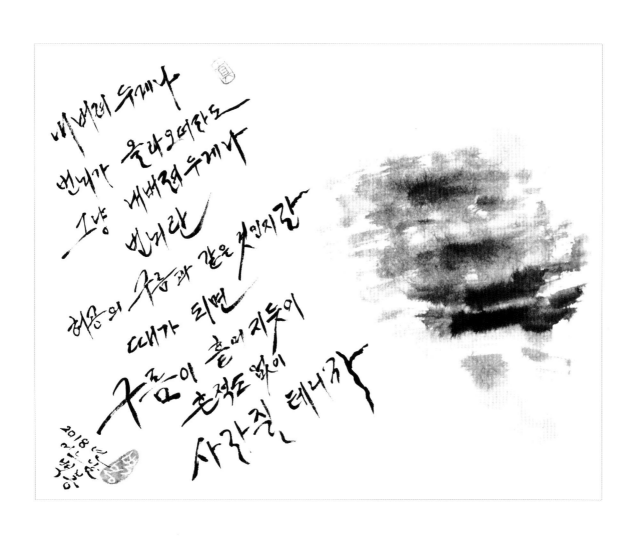

내버려 두게나

번민

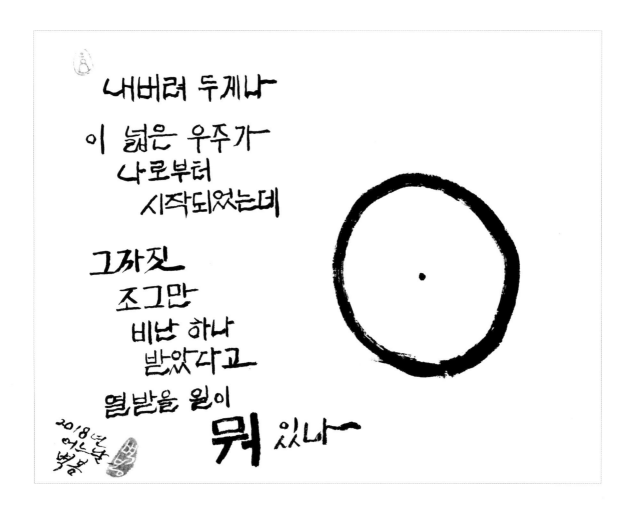

내버려 두게나

난초의 향기가 다가오는 그 순간
잃어버렸던 옛고향이
불현듯 눈앞에 나타나서
마음의 평화가 오래도록 지속되니
행복이 무엇인지
이제야 확실히 아는도다

2018
어느날,
곡봉

고향의 행복

공양(供養)

별꽃

연화봉 아미타 부처님 앞에
한 그루 별꽃나무가 있지
"너희들은 어디서 왔니?"
　　모두들
　　이구동성으로
"간밤의 하늘에
총총히 박혀 있었는데
짜아만 밤이 너무 빨리
지나가는 것이 아쉬워
모두들 여기에 모여
못다한 얘기꽃을 피우고 있어요"
　　그래서 그런가?
하아얀 별꽃들이
더욱더 순수한 아름다움을
연화도에 뿌려주고 있네.

2018년 7월 어느날 박광

연화도

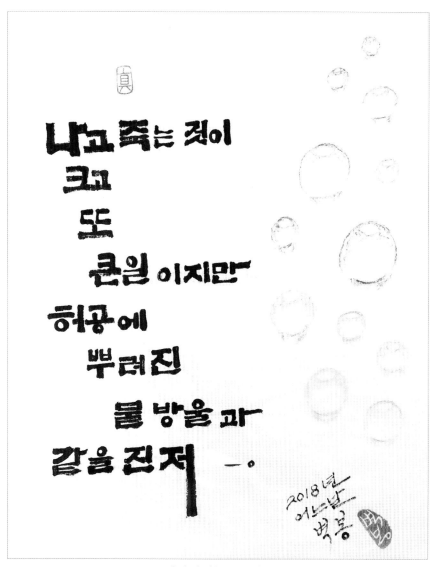

생사대사(生死大事)

선서화집「소식消息」

백송미

세상의 아름다움

어떤것이 당신의 고향인가?

수행의 문(門)

선서화집「소식消息」

행복은 이미 그대 가슴에

선서화집 「소식消息」

산에 올라 산을 찾다니

난초의 청초한 아름다움 지조 기품 고귀함의 그윽한 향기가

禪心에 실려

온 세상에 두루하네

선심(禪心)

나는 어디에?

선서화집 「소식消息」

윤회와 열반

선서화집 「소식消息」

생사와 열반

밤의 바다 그지 없는데…

장생불사

추억은 아름다움을 남기고

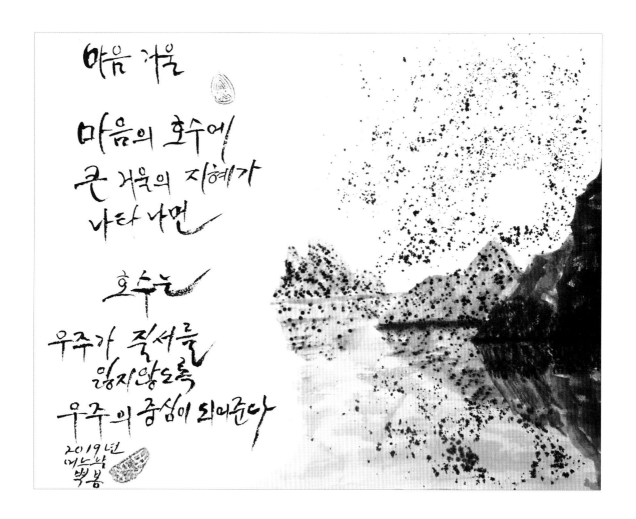

마음 거울

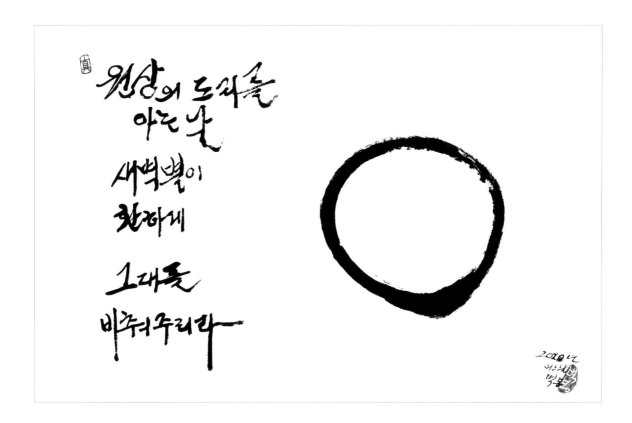

원상의 도리

무엇을 원하는가?

선서화집 「소식消息」

잃어버렸던 행복

낙시

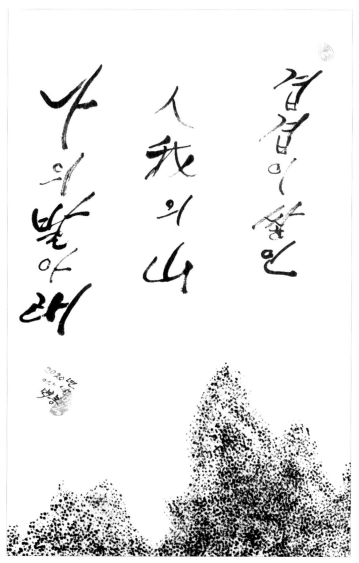

人我의 山

폭포수

선서화집「소식消息」

군중속의 고독

행복

좌복(방석)

마추피추

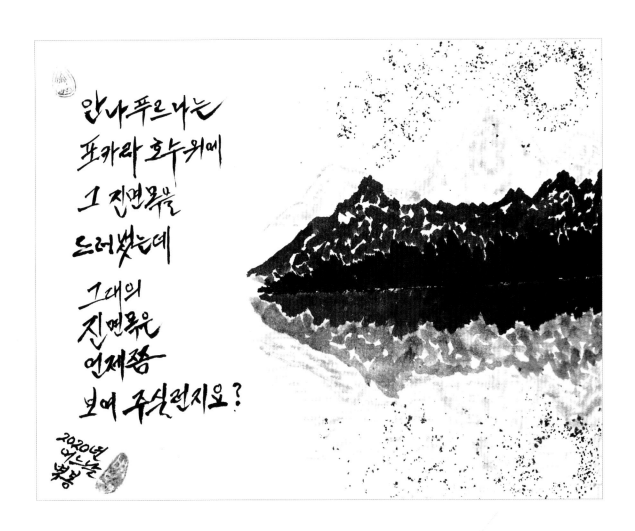

안나푸르나

본다

피노키오가 동쪽으로 온 까닭은? (해남 두륜산 정상에서)

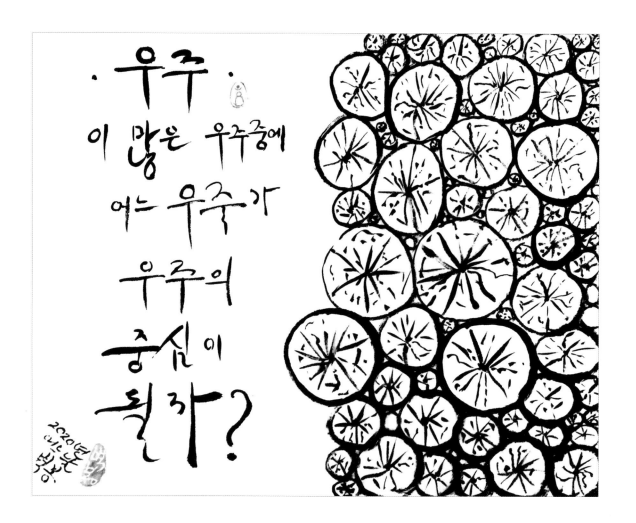

우주

자유의 여신상

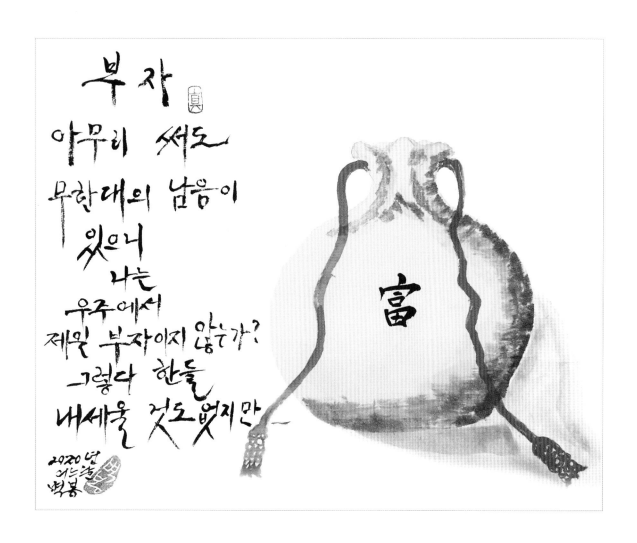

부자

아무리 써도

무한대의 남음이

있으니

나는

우주에서

제일 부자이지 않는가?

그렇다 한들

내세울 것도 없지만―

2020년 어느날 벽봉

富

부자

공성과 자비

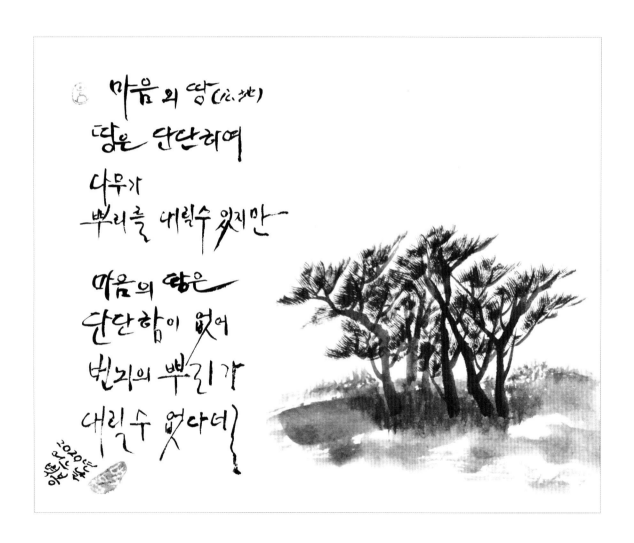

마음 의 땅(心地)

땅은 단단하여

나무가
뿌리를 내릴수 있지만

마음의 땅은
단단함이 없어
번뇌의 뿌리가
내릴수 없다네

마음의 땅(心地)

인연 맺기

첨성대

선서화집「소식消息」

도(道)

법의 고귀함

세월

마음대로

나의 님

풍미

선서화집「소식消息」

평화는 조화의 아름다움에서 온다네

꽃길

기별

선서화집 「소식消息」

혈 망 봉 (亢望峯)

전설의 혈망봉에서 바라본
세상은
잠시나마 환상에 젖게하는
샹그릴라

춥고 배고픈
민초들에게는
더할나위 없는
편안한 안식처 였으리라

그러나
진정한 세상은
렌즈와 같은 구멍을
벗어던져야
오는 것이겠지

혈망봉

어, 휴

도(道)

선서화집 「소식消息」

극락세계

벽봉스님 선서화집

소식消息

인쇄 2020년 8월 20일
발행 2020년 8월 25일

지은이 벽봉
펴낸곳 맑은소리맑은나라
펴낸이 김윤희
디자인 김창미

출판등록 2000년 7월 10일 제02-01-295호
주소 부산광역시 중구 중앙대로 22 동방빌딩 301호
전화 051)244-0263, 255-0263
팩스 051)255-0953
전자우편 puremind-ms@hanmail.net

값18,000원
ISBN 978-89-94782-78-2   03220